TRABALENGÜERO

Trabalengüero
Valentín Rincón
Gilda Rincón
Cuca Serratos

Primera edición en Recreo Bolsillo: Producciones Sin Sentido Común, 2021

ISBN: 978-607-8756-62-9
Impreso en México

TRABALENGÜERO

VALENTÍN RINCÓN
GILDA RINCÓN
CUCA SERRATOS

COMPOSICIONES TIPOGRÁFICAS DE ALEJANDRO MAGALLANES

NOSTRA EDICIONES

Índ

6 Introducción para los más chicos

7 Introducción para los más grandes

10 Trabalenguas populares anónimos

11 Con palabras reales

68 Para repetir

76 Aglutinante, de nunca acabar

78 Con palabras *derivadas* inventadas

82 Con palabras locas y sonoras, inventadas

Trabalenguas de autor 90

Gilda Rincón 91

Cuca Serratos 103

Valentín Rincón 115

Poemas 138

Trabalenguas, Gilda Rincón 139

La matraca traca, Gilda Rincón 140

Piraguamonte, piragua..., Lope de Vega 141

Fanfarinfas, Gilda Rincón 142

Sensemayá, Nicolás Guillén 142

Colibrí, Gilda Rincón 143

INTRODUCCIÓN PARA LOS MÁS CHICOS

Los trabalenguas que pusimos en este libro son para que se te trabe la lengua y te diviertas dastrabándola. ¿Me entiendes? No son para que sufras sino para que te diviertas. O a lo mejor sufres un poco... ya veremos. Además, puedes retar a tus amigos a que digan los trabalenguas: verás como algunos, al tratar de decirlos y equivocarse, les van a salir palabras chistosas de la boca –como al Negrito Sandía cuando le salía una culebrita loca–, y todos van a reir.

INTRODUCCIÓN PARA LOS MÁS GRANDES

Podemos inferir que desde tiempos inmemoriales a los seres humanos les ha dado por jugar a las palabras, y así han inventado la rima, la métrica y, por ende, la poesía. También así, jugando, jugando, han inventado la aliteración, ese juego de lograr frases sonoras por medio de la repetición de sonidos: [...] "el sabido sabor de la saliva" [...].[1] En la poesía japonesa, por ejemplo, se observa que la aliteración guía más al poeta que la rima y para muestra de lo anterior están los haikus.

Los grandes creadores de la literatura han desarrollado hasta cumbres luminosas las formas poéticas.

Pero a los niños, a los adultos y a todo el mundo, aun sin ser grandes creadores de la literatura, les da por inventar trabalenguas,

[1] Xavier Villaurrutia, "Nocturno", en Nostalgia de la muerte, p.50.

y así surge una veta más de la creatividad popular.

Este invento es en cierta forma la culminación de ese jugar y hacer castillo de naipes con el idioma.

El trabalenguas, al igual que la adivinanza o el acertijo, constituyen un reto. En el caso del trabalenguas, un reto de quien lo plantea a quien ha de intentar decirlo sin equivocarse, es decir, sin que se le trabe la lengua. Si su lengua traiciona a quien intenta decirlo y se equivoca, surge el regocijo y la risa de los presentes.

Los trabalenguas también son un ejercicio para agilizar la dicción y el practicarlos puede resultar beneficioso para profesionales del habla, por ejemplo, locutores, profesores y narradores. Son obstáculos que voluntariamente nos ponemos para adiestrar nuestra lengua, como lo hizo hace muchos años Demóstenes.

Demóstenes fue un político y orador ateniense (384-322 a.C.); se cuenta que de joven tenía cierta dificultad para hablar y que, para superarla, se iba a una isla desierta adonde se escuchara el rugir de las olas: entonces se llenaba la boca de piedritas, empezaba a pronunciar su discurso y, con el mar como auditorio, trataba de superar sus deficiencias, de vencer la dificultad que le causaban las piedras en la boca y de que su voz predominara sobre el sonido de las olas. Practicando de esta original manera llegó a ser el mejor y más famoso orador de Grecia.

He aquí este libro que recopila algunos trabalenguas populares en México y una colección de otros que hemos creado los autores. Nuestra intención principal es deleitarnos con las palabras y pasarla bien.

SI CON PALABRAS TE TRABAS Y TE DISPARATRABAS,
PRACTICA CON TRABALENGUAS,
PUES PRACTICATRABALENGUANDO
TE IRÁS DESTRABALENGUANDO.

LUENGAS
LENGUAS
HACEN FALTA
PARA NO

TRABALENGUARSE:

QUIEN NO TENGA
LENGUA LUENGA,
BIEN PODRÁ
DESESPERARSE.

TRABALENGUAS POPULARES ANÓNIMOS

Algunos de los trabalenguas que aquí presentamos son verdaderamente difíciles de pronunciar sin tropiezo; otros, no tanto. Algunos tienen ritmo y rima y algunos contienen frases que se repiten cambiando el orden, es decir, con hipérbaton, y muchos tienen la sonoridad de una cascada.

CON PALABRAS REALES

Aquí agrupamos los que se construyeron con palabras de uso común, con palabras que se pueden encontrar en los diccionarios, a diferencia de otros que incluyen palabras *inventadas.*

PEPE PECAS
PICA PAPAS
CON UN PICO,
CON UN PICO
PICA PAPAS
PEPE PECAS.

Compré pocas copas, pocas copas compré
y como compré pocas copas, pocas copas pagué.

Toño Yáñez come ñame en las mañanas con el niño.

Pablito clavó un clavito, un clavito clavó Pablito.

*

O bien la versión cruel:
Pablito clavó un clavito en la calva de un calvito,
en la calva de un calvito, un clavito clavó Pablito.

EN TRES TRASTOS DE TRIGO TRES
TIGRE TRAS TIGRE, TIGRES TAN

TRISTES TIGRES TRIGO TRAGABAN,
TRISTES TRIGO TRAGABAN.

Chango chino chiflador
que chiflas a tu china changa:
ya no chifles a tu china changa,
chango chino chiflador.

ERRE CON ERRE CIGARRO, ERRE CON ERRE BARRIL.

RÁPIDO RUEDAN LOS CARROS CARGADOS DE AZÚCAR DEL FERROCARRIL.

Pabla le dio con el palo a Pablo y Pablo le dio con la tabla a Pabla.
Pabla le dio con el palo a Pablo y Pablo le dio con la tabla a Pabla.
Pabla le dio con el palo a Pablo y Pablo le dio con la tabla a Pabla.
Pabla le dio con el palo a Pablo y Pablo le dio con la tabla a Pabla.
Pabla le dio con el palo a Pablo y Pablo le dio con la tabla a Pabla.
Pabla le dio con el palo a Pablo y Pablo le dio con la tabla a Pabla.
Pabla le dio con el palo a Pablo y Pablo le dio con la tabla a Pabla.
Pabla le dio con el palo a Pablo y Pablo le dio con la tabla a Pabla.
Pabla le dio con el palo a Pablo y Pablo le dio con la tabla a Pabla.
Pabla le dio con el palo a Pablo y Pablo le dio con la tabla a Pabla.
Pabla le dio con el palo a Pablo y Pablo le dio con la tabla a Pabla.
Pabla le dio con el palo a Pablo y Pablo le dio con la tabla a Pabla.
Pabla le dio con el palo a Pablo y Pablo le dio con la tabla a Pabla.
Pabla le dio con el palo a Pablo y Pablo le dio con la tabla a Pabla.
Pabla le dio con el palo a Pablo y Pablo le dio con la tabla a Pabla.
Pabla le dio con el palo a Pablo y Pablo le dio con la tabla a Pabla.
Pabla le dio con el palo a Pablo y Pablo le dio con la tabla a Pabla.

La pícara pájara pica la típica jícara;
la típica jícara pica la pícara pájara.

Rosa Rosales

cortó una rosa.

¡Qué roja la rosa

de Rosa Rosales!

ROSA RIZO REZA EN RUSO,
EN RUSO REZA ROSA RIZO.

Cuando cuentes cuentos, cuenta cuántos cuentos cuentas.

ME HAN DICHO QUE HAS DICHO UN DICHO,
UN DICHO QUE HE DICHO YO,
Y ESE DICHO QUE TE HAN DICHO QUE YO HE DICHO
NO LO HE DICHO.
MAS SI YO LO HUBIERA DICHO,
ESTARÍA MUY BIEN DICHO
POR HABERLO DICHO YO.
HE DICHO.

A MÍ MI MAMÁ ME MIMA.

MÍRAME SIN MIRAR, MYRIAM,

MÍRAME MIENTRAS ME MUEVO;

NO ME MIRES MYRIAM MÍA,

NO ME MIRES QUE ME MUERO.

Jaime jala la jaula.

JUAN
JUNTAJUNCOS
JUNTO A LA
ZANJA

Cabral clavó un clavo.

¿Qué clavo clavó Cabral?

Un burro comía berros
y el perro se los robó,
el burro lanzó un rebuzno
y el perro al barro cayó.

ERES MUY INGENUO, EUGENIO.

Pepe puso un peso
en el piso del pozo.
En el piso del pozo
puso un peso Pepe.

Señor: Pedro Pero Pérez Crespo, ¿dónde mora?
porque en esta villa tres Pedros Peros Pérez Crespo había.
Pedro Pero Pérez Crespo el de arriba,
Pedro Pero Pérez Crespo el de abajo
y Pedro Pero Pérez Crespo el de fuera de la villa.
Yo no busco a Pedro Pero Pérez Crespo el de abajo,
yo no busco a Pedro Pero Pérez Crespo el de arriba,
ni a Pedro Pero Pérez Crespo el de fuera de la villa,
sino a Pedro Pero Pérez Crespo Crespín
que tenía una yegua y un rocín,
crespa la cola, crespa la crin y crespo todo el potriquín.

SI ME GANARA

AL BILLAR MARY VILLA,

ME MARAVILLARÍA.

Qué col
colosal
colocó en
el local
de Raquel
el loco
aquel.

EL AMOR ES UNA LOCURA
QUE NI EL CURA LA CURA
Y SI EL CURA LA CURA
ES UNA LOCURA DE CURA.

¡Qué triste estás, Tristán, tras tan tétrica trama teatral!

Beto Brito vino nunca beber debe,
vida boba y breve vivirá si bebe.

Los cojines del obispo,
los cajones del alcalde,
¡qué cojines, qué cajones,
los cojines del obispo,
los cajones del alcalde!

PACO

guarda las pocas copas

que, poco a poco,

Pepe sacó.

NO HAY QUIEN ME AYUDE A VOCES
A DECIR TRES VECES OCHO:
OCHO, CORCHO, TRONCHO Y CAÑA,
CAÑA, TRONCHO, CORCHO Y OCHO.

Juan Quinto, una vez, en Pinto
contó de cuentos un ciento;
y Quintín dijo contento:
—¡Cuántos cuentos cuenta Quinto!

Un podador podaba la parra
y otro podador que por allí pasaba le dijo:

—Podador que podas la parra,

¿qué parra podas?,

¿podas mi parra o tu parra podas?

—Ni podo tu parra, ni mi parra podo,

que podo la parra de mi tío Bartolo.

ABRÍ CAJONES Y COGÍ CORDONES,

CORDONES COGÍ Y CAJONES ABRÍ.

Poquito a poquito
Paquito empaca
poquitas copitas
en pocos paquetes.

De Guadalajara vengo,
jara traigo,
jara vendo,
a medio doy cada jara.
Qué jara tan cara traigo
de Guadalajara.

EL QUE POCA CAPA PARDA COMPRA, POCA CAPA PARDA PAGA;

YO, QUE POCA CAPA PARDA COMPRÉ, POCA CAPA PARDA PAGUÉ.

EL PERRO DE SAN ROQUE
NO TIENE RABO
PORQUE RAMÓN RAMÍREZ
SE LO HA ROBADO.

MI CABALLO
PISA PAJA,
PAJA PISA
MI CABALLO.

Parra tenía una perra
y Guerra tenía una parra.
La perra de Parra rompió
la parra de Guerra.
Entonces Guerra cogió una porra
y aporreó a la perra de Parra.

Manuel Micho, por capricho,
mecha la carne de macho
y ayer decía un muchacho:
—Mucho macho mecha Micho.

PACO PECO,
CHICO RICO,
INSULTABA
COMO UN LOCO
A SU TÍO FEDERICO,
Y ÉSTE DIJO:
– ¡POCO A POCO,
PACO PECO,
POCO PICO!

El que poca papa gasta poca papa paga.

Un pañuelo de cuatro puntas,
de pura pita, de pita pura,
de pita pura, de pura pita,
un pañuelo de cuatro puntas.

ENTRO CONTIGO A UN TREN CON TRIGO,
A UN TREN CON TRIGO ENTRO CONTIGO.

Mariana Magaña
desenmarañará
mañana
la maraña que
enmarañara
Marina Mañara.

Si Sansón no sazona su salsa con sal, le sale sosa;
le sale sosa su salsa a Sansón si la sazona sin sal.

COMOPOCO

COCOCOMO,

POCOCOCO

COMPRO.

Pancha plancha

con cuatro planchas.

¿Con cuántas planchas

Pancha plancha?

Los cojines de la Reina,
los cajones del Sultán.

¡Qué cojines!

¡Qué cajones!

¿En qué cajonera van?

Me recetaron

Fenildimetilpirazolonmetilaminometanfulfonato

sódico.

El trapero

tapa con trapos

la tripa

del potro.

Pepe pone poco a poco en pilas, las papas que pelan Paca y Pola.

No me mires,
que miran que nos miramos
y verán en tus ojos
que nos amamos.
No nos miremos,
que cuando no nos miren
nos miraremos.

Yo vi en un huerto un cuervo cruento

comerse el cuero del cuerpo del puerco muerto.

PARA REPETIR

Gavilán de la gavilanería,
gavilán de la gavilanería,
gavilán de la gavilanería,
gavilán de la gavilanería,
gavilán de la gavilanería,
gavilán de la gavilanería,
gavilán de la gavilanería,
gavilán de la gavilanería,
gavilán de la gavilanería...

Caramelo
camarón,
camarón
caramelo,
caramelo
camarón,
camarón
caramelo,
caramelo camarón...

Boquerones de la boqueronería,

boquerones de la boqueronería,

boquerones de la boqueronería,

boquerones de la boqueronería,

boquerones de la boqueronería,

boquerones de la boqueronería,

boquerones de la boqueronería,

boquerones de la boqueronería,

boquerones de la boqueronería...

CON MÍMICA

Quienes lo tratan de repetir suelen equivocarse y decir algo especialmente chusco.

DE PECHO A CODO,
DE CODO A PECHO,
DE PECHO A CODO,
DE CODO A PECHO,

etcétera.

Vino que vino no vino vino, vino vinagre.

¡Esmerílemelo!

DIALOGUITO CURIOSO

— ¿Usted no nada nada?
—Sí, pero no traje traje,
pero mire cómo como.

AGLUTINANTE, DE NUNCA ACABAR

LA PLAZA DE SAN JACINTO

Esta es la Plaza de San Jacinto,
en la plaza está la casa,
en la casa hay un cuarto,
en el cuarto hay un piso,
en el piso una mesa,
en la mesa una jaula,
y en la jaula hay un loro
que canta y dice:
loro en jaula,
jaula en mesa,
mesa en piso,
piso en cuarto,
cuarto en casa,
casa en plaza,
esta es la Plaza de San Jacinto,

en la plaza está la casa,

etcétera.

CON PALABRAS *DERIVADAS* INVENTADAS

Forman parte de los siguientes trabalenguas algunas palabras que no aparecen en ningún diccionario. Inventadas, pues. Estas palabras se derivan de otras que sí existen. Por ejemplo, la palabra *guanábana* sí existe y es aceptada, pero los verbos *enguanabanar* y *desenguanabanar*, no. De la palabra *Constantinopla*, nombre que tenía una ciudad, se deriva *desconstantinopolizar*, que es un verbo que no encontramos en ningún diccionario pero que muy bien se puede conjugar y así formar un pintoresco trabalenguas.

El volcán de Parangaricutirimícuaro
se quiere desparangaricutirimicuarizar.
El que lo desparangaricutirimicuarice,
buen desparangaricutirimicuarizador será.

El rey de Constantinopla
se quiere desconstantinopolizar,
quien lo desconstantinopolice
buen desconstantinopolizador será.

Perejil comí, perejil cené.
¿Cuándo me desemperejilaré?

Comí chirimoyas… me enchirimoyé,
para desenchirimoyarme,
¿cómo me desenchirimoyaré?

Comí guanábanas… me enguanabané,
para desenguanabanarme,
¿cómo me desenguanabanaré?

Mago, mi amiga gordita amigajonadita.

El rey de Castelgandolfo
está castelgandolfado.
El descastelgandolfador
que lo descastelgandolfe
buen descastelgandolfador será.

Cerezas comí,
cerezas cené,
de tanto comer cerezas...
me encerecé.

Este pocillo se me desnarizorejó.

Con palabras locas y sonoras, inventadas

Estos ocurrentes trabalenguas incluyen palabras que no tienen un significado preciso pero que proporcionan sonoridad, a la vez que dificultad para ser pronunciados.

Ya en el siglo XIX existía una forma poética que incluía palabras carentes de sentido con las que se pretendía conseguir resultados de eufonía, es decir, sonidos hermosos. Eusebio Blasco, dramaturgo y poeta español, escribió la letra de una zarzuela que se estrenó en 1866 llamada "El joven Telémaco". En esta obra se escucha un estribillo que dice:

Suripanta, la suripanta,
maca trunqui de somatén.
Sun fáribum, sun faribén,
maca trúpitem sangasinén.

A esta forma poética, en el siglo XX, se le dio el nombre de jitanjáfora, término propuesto por el humanista mexicano Alfonso Reyes (1889-1959), quien lo tomó del siguiente poema de Mariano Brull:

LEYENDA

Filiflama alabe cundre
ala olalúnea alífera
alveolea jitanjáfora
liris salumba salífera.

Olivea oleo olorife
alalai cánfora sandra
milingítara girófora
ula ulalundre calandra.

Las jitanjáforas tienen cierta semejanza con los trabalenguas que enseguida se mencionan, algunos de los cuales son como cuentos.

LA MADRE GODADRE Y EL HIJO GODIJO

Había una madre godadre, pericotadre y tantarantadre

que tenía un hijo godijo, pericotijo y tantarantijo.

Un día la madre godadre, pericotadre y tantarantadre

le dijo a su hijo godijo, pericotijo y tantarantijo:

—Hijo godijo, pericotijo y tantarantijo,

tráeme la liebre godiebre, pericotiebre y tantarantiebre

del monte godonte, pericotonte y tantarantonte.

Así el hijo godijo, pericotijo y tantarantijo

fue al monte godonte, pericotonte y tantarantonte

a traer la liebre godiebre, pericotiebre y tantarantiebre.

UNA PÁJARA PECA

Una pájara peca, meca, derga, andorga,
cucurruchaca, coja y sorda
tiene unos pajaritos pecos, mecos, dergos,
andorgos, cucurruchacos, cojos y sordos.
Si esta pájara no fuera peca, meca, andorga,
cucurruchaca, coja y sorda
no tendría los pajaritos pecos, mecos, dergos,
andorgos, cucurruchacos, cojos y sordos.

LA GALLINA PINTA I

Tengo una gallina pinta,
piririnca, piriranca,
con sus pollitos pintos,
piririncos, pirirancos.
Si ella no fuera pinta,
piririnca, piriranca,
no criaría los pollitos pintos,
piririncos, pirirancos.

g

LA GALLINA PINTA II

Tengo una gallina pinta, pipiripinta, gorda,
pipirigorda, pipiripintiva y sorda,
que tiene tres pollitos pintos, pipiripintos, gordos,
pipirigordos, pipiripintivos y sordos.
Si la gallina no fuera pinta, pipiripinta, gorda,
pipirigorda, pipiripintiva y sorda,
los pollitos no serían pintos, pipiripintos, gordos,
pipirigordos, pipiripintivos y sordos.

LA CABRITILLA HÉTICA

Una cabritilla hética,
palética, muda,
peluda
y pararampampluda
parió siete cabritillas
héticas,
paléticas, mudas, peludas
y pararampampludas.
Si no hubiera sido por la
cabritilla hética,
palética, muda, peluda
y pararampampluda,
no habrían nacido siete
cabritillas héticas,
paléticas, mudas, peludas
y pararampampludas.

LA GATA HÉTICA

Yo tenía una gata hética,
pelética, pelada, peluda,
con rabo lanudo,
que tenía tres gatos
héticos, peléticos,
pelados, peludos,
con rabos lanudos.
Si la gata no fuera hética,
pelética, pelada, peluda,
con rabo lanudo,
los gatitos no serían
héticos, peléticos,
pelados, peludos,
con rabo lanudo.

LA BRUJA PIRUJA

Ésta era una bruja piruja, piruja,
de puento pito puja de pompa pirón,
que tenía dos hijas, pirijas pirijas,
de puento pito pijas de pompa pirón.
Una iba a la escuela, piruela piruela,
de puento pito puela de pompa pirón.
Otra iba a la música, pirúsica pirúsica
y éste es el cuento que ya se acabó.

TRABALENGUAS DE AUTOR

La intención de los autores es que estos trabalenguas, algún día, quizá modificados, sean del dominio público.

GILDA RINCÓN

MONSTRUO QUE MUESTRA MUECA MACABRA.

Va un chico en cuaco a Chiconcuac.

El soberbio sorbete
cobró un sabor salobre.

UN PLATÓN DE TRIPLE PELTRE.

Terco va

el tuerto

al teatro.

ENALBURQUERQUE ABUNDANLOSCERDOS QUESECRÍAN CONCARDOSCRUDOS.

Cuca saca de su saco
caqui un queso casi seco.

El loro de Lira delira por la lorita de Loreto.

Tiró la cajeta
de cabra
en la caseta
de cobro.

ELBA LLORA,
ELVIRA LA MIRA
Y LLAMA A EDELMIRA.
¡VÁLGAME ELBA,
LLORAS A DESHORAS!

Los caracoles de Cracovia
comen coles crudas,
las comen y las carcomen.

Son nueve las naves nuevas que nublan la niebla.

**La víbora de Surinam
es víbora ovovivípara
que vive en Paramaribo.**

**AFLIGE
QUE EL FLUJO
DEL OLEAJE
AFLOJE
EL FLEJE
DEL BLINDAJE.**

LA LOCA FLACA APLICA FLOJA LA LACA ROJA.

Un patán patón pateó a un peatón.

La jaca de Rafa desgaja la caja de paja.

NI AL AGUA LE ECHE LECHE NI LE ECHE AGUA A LA LECHE.

Le flota floja la falda a Pancha, le está ancha y le falta plancha.

El güero Agüero guarda un güiro antiguo en un agujero.

El asno manso masca paja mojada.

JUNTO JACINTOS NARANJA JUNTO A LA ZANJA.

CUCA SERRATOS

El trastero de Trini tiene trescientos trastos,
si testereas el trastero de Trini,
los trescientos trastos trastabillan.

**El muchacho chicho come chico trozo de chicharrón de chancho,
chico trozo de chicharrón de chancho come el muchacho chicho.**

CATALINA Y CAMERINA
TIENEN UNA CATARINA
ROJINEGRA NEGRIRROJA,
UNA CATARINA
ROJINEGRA NEGRIRROJA
TIENEN CAMERINA Y CATALINA.

**En la tlapalería
de Tlalnepantla venden
triquitraques,
triquitraques venden en la
tlapalería
de Tlalnepantla.**

EN LOS TRENES
DE TRIANA, ATRÁS,
VAN LOS CATRES
DE CAPRI.

LOS FLAMÍGEROS FLAMENCOS
SE CAMUFLAN
EN UN CIELO
DE RELÁMPAGOS.

LA MARIPOSA SE POSA EN EL POZO DEL MARIPOSARIO,
EN EL POZO DEL MARIPOSARIO SE POSA LA MARIPOSA.

EL HUÉHUETL DE CITLALI ES UN HUÉHUETL DE HUECO AHUEHUETE.

Hay en Tlaxcala raros guijarros
de jarros de Tlaquepaque.

No place la típica plática plana.

Le falta a Mafalda su falda tableada.

Cebra rayada y cabra bronceada,
cabra bronceada
y cebra rayada.

Lucen las cebras mallas rayadas,
lucen las cobras brillos terribles.

Chayote y chinchayote come Chayo Rocha.

Come el gusano sanas guasanas, sanas guasanas come el gusano.

Mireya Llano Yañez

Yanta una llama

en la llanura del más allá.

* Yanta significa come. Yantar es comer en español antiguo

El toro brama en la bruma blanca.

Las blancas y flacas patas se le traban al bronco potro.

Muchos dichos dice el dicharachero huarachudo Chucho Chávez.

En carreras de carcachas, los intranquilos contrincantes arrancan carricoches a trastabillones.

VALENTÍN RINCÓN

El perro brinca la tranca,
trepa la rampa y con la trompa
rompe la trampa.

Al saltar la malla
la llama se talla,
y al brincar
la tabla, la cabra
se traba.

Yendo a La Habana en caravana, el tarambana repartió rábanos y bananas en rebanadas.

LA GRUTA DEL TIGRE QUE TRAGA CARNE, LA CARNE DE CEBRA QUE TRAGA EL TIGRE.

Plácida Poca-Plata poco platica en plaza pública.

CONSEJO:

Nunca trepes a catre
junto a cráter,
nunca junto
a cráter
trepes a catre.

El triste trapecista Tito Castro,
tras tramoya,
trama contra otro trapecista
para que trastabille
y dé al traste con sus tripas.

MUGRE DE BRUJA,
BRUJA MUGROSA.
¡MUGRE BRUJA
BRUJIMUGROSA!

EL NEVERO VENERA A VENUS, A VENUS VENERA EL NEVERO.

PEDRO PRADO, PRADO PEDRO, PEDRO PRADO, PRADO PEDRO, ETCÉTERA.

PETRA PRIDA APEDREA A PEDRO PRADO,
A PEDRO PRADO APEDREA PETRA PRIDA.

PANCHA
APAPACHA
AL POCHO
EN EL CHOPO.

Dice la dama: "La trama de ese drama me trauma".

AL AGUA EL ORNITORRINCO PEGA GRAN BRINCO.

MI TÍO SUPERCALIFRAGILÍSTICOESPIRALIDOSO
FUE AL SUPERMERCADO A COMPRAR UN TROZO DE GUISO SABROSO,
Y MI TÍO SUPERCALIFRAGILÍSTICOESPIRALIDOSO SÓLO HIZO EL OSO.

Cromo de cobre,
gramo de bagre,
grumo de mugre,
grasa de sangre.

Trota el potro,
el potro trota,
trota el potro,
el potro trota,

etcétera.

Don Fiacro: “Deme cuatrocientos gramos de carne magra”.

Me mandó Pablo
un cable en clave
y tuve que descifrar
la clave
del cable de Pablo.

Teófilo Filemón, afila el cuchillo y dame un filete de salmón.

EN EL POPO,
DON HIPOPÓTAMO
TOMA TOMATE
CON POPOTE.

AL BRONCEADO NADADOR QUE BRACEA LE SOBRA BRAZO.

PLATÓN
TOCA
EL TIPLE,
EL TIPLE
TOCA PLATÓN.

CHAMACO Y CHAMACA FUERON A AMECAMECA Y DURMIERON:
CHAMACO EN HAMACA Y CHAMACA EN CAMA CHUECA.

LA VIEJA MELA LAME MIEL DE ABEJA.

Braulio Bravo Batres cae de bruces,
de bruces cae Braulio Bravo Batres.

FILOMENO, EL CINÉFILO, INVITÓ AL CINE

A TEÓFILO.

A Carmela le gustan
las mermeladas de fresa,
de frambuesa y de mora,
pero más las de cereza
y las de zarzamora.

Maribel Batel dice a Isabel Mariel: "Cómete tu betabel, Isabel".

SIXTO CALIXTO BURGOS SE ALISTA Y ASISTE A LA JUSTA DE LUXEMBURGO.

Están de guardia Gastón Estrada,
el gastroenterólogo
y otro doctor:
Otto Rincón,
el otorrinolaringólogo.

Tito, el Tritón, es campeón de triatlón.

—Yo digo que el ombligo
de tu amigo Rigo huele a higo.
—¿Y cómo sabes que el ombligo
de mi amigo Rigo huele a higo?
—Porque olí el ombligo de tu amigo Rigo,
y yo digo que el ombligo
de tu amigo Rigo huele a higo.

Justa Trejo, esposa de Tito Trujillo, teje un traje para su hijito Julio Trujillo Trejo.

CHOLE JALA UN COCHE CARGADO DE JARRAS Y JARROS, CHOLE CHOCA EL COCHE QUE JALA Y JARRAS Y JARROS SE HACEN GUIJARROS.

El tío Tito trajo trigo de la troje, de la troje trajo trigo el tío Tito.

ME INTERESA LA TERSA TRENZA DE TERESA.

EL SABIO VACÍA SAVIA EN EL VASO VACÍO,
EN EL VASO VACÍO VACÍA SAVIA EL SABIO.

EN EL RANCHO DE JUANCHO HAY UN CHANCHO ANCHO Y CHONCHO.
¡QUÉ ANCHO Y CHONCHO EL CHANCHO DEL RANCHO DE JUANCHO!

FUI A MANAGUA, NICARAGUA POR AGUA DE GUANÁBANA
Y MI ENAGUA SE MOJÓ CON AGUA DE GUANÁBANA
DE MANAGUA NICARAGUA.

KARINA TOCA LA TUMBADORA Y DORA LA OCARINA.

LA GATA PINTA

LA GATA PINTA, REPINTA, REQUETEPINTA Y TATARAPINTA
TUVO GATITOS, RETITOS, REQUETETITOS Y TATARATITOS.
UNOS ERAN BLANCOS, REBLANCOS, REQUETEBLANCOS Y TATARABLANCOS,
OTROS ERAN NEGROS, RENEGROS, REQUETENEGROS Y TATARANEGROS Y
OTROS ERAN PINTOS, REPINTOS, REQUETEPINTOS Y TATARAPINTOS.

SALIÓ LA CONEJA

SALIÓ LA CONEJA, DEJA, CHEJA, PEJA,
CON CUARENTA HIJITOS, DITOS, CHITOS, PITOS,
CON GRANDES OREJAS, DEJAS, CHEJAS, PEJAS,
Y MUY PELUDITOS, DITOS, CHITOS, PITOS.
TODOS MUY DIENTONES, DONES, CHONES, PONES,
CON SUS BIGOTAZOS, DAZOS, CHAZOS, PAZOS,
TODOS CORRELONES, DONES, CHONES, PONES,
CÓMO DABAN SALTOS, DALTOS, CHALTOS, PALTOS.
Y TENÍAN SU COLA, DOLA, CHOLA, POLA,
CUAL BOLA DE ESTAMBRE, DAMBRE, CHAMBRE, PAMBRE
QUERÍAN ZANAHORIAS, DORIAS, CHORIAS, PORIAS,
PUES TENÍAN MUCHA HAMBRE, DAMBRE, CHAMBRE, PAMBRE

TECLA OSCURA Y TECLA CLARA,
DEL PIANO LAS LARGAS TECLAS,
DEL PIANO LAS TECLAS LARGAS,
TECLA CLARA Y TECLA NEGRA.

POEMAS

Los poemas que escogimos para este trabalengüero tienen palabras juguetonas y sonoras. Por eso son como trabalenguas.

TRABALENGUAS

Con el doctor don Trabalenguas
vino la cebra bien rayada,
un elefante arrugadito
y una jirafa cuellilarga.

Al elefante arrugadito
¿quién lo podrá desarrugar?,
si este doctor lo desarruga
buen desarrugador será.

Doña Jirafa cuellilarga,
¿quién la descuellilargará?,
doctor que la descuellilargue
descuellilargador será.

Cebra rallada negriblanca,
¿quién la desnegriblanqueará?,
que el que la desnegriblanqueare
desnegriblanqueador será.

Pobre doctor don Trabalenguas,
¿quién lo destrabalenguará?,
traba la lengua que se traba,
lengua la traba tra la lá.

Gilda Rincón

LA MATRACA TRACA

Los días de feria
la matraca traca
por todas las calles
grita su alharaca.

Loca chachalaca
cacaraqueadora,
dispara su risa
de ametralladora,

se suelta tronando,
de risa se ataca,
se desempaqueta,
se desempetaca,

que se desternilla,
de risa se mata,
que se descuaderna,
que se desbarata.

Parladora boca,
pelada carraca,
que el ruido mastica
y el eco machaca,

su seco palique
con nada se aplaca,
cotorra de porra,
curruca y urraca,

rehilete loco,
dentada maraca,
entre triquitraques
la matraca traca.

Gilda Rincón

PIRAGUAMONTE, PIRAGUA...
(Fragmento)

Piraguamonte, piragua,
piragua, jevizarizagua.

Bío, Bío,
mi tambo lo tengo en el río.

Yo era niña pequeña,
y enviáronme un domingo
a mariscar por la playa
del río del Bío Bío;
cestillo al brazo llevaba
de plata y oro tejido.

Bío, Bío,
que mi tambo le tengo en el río.

Piraguamonte, piragua,
piragua, jevizarizagua.

Bío, Bío,
que mi tambo le tengo en el río.

Lope de Vega

FANFARINFAS

Fanfarinfas es un bufo
fanfarrón y fufurufo;
se enfurruña, se le engrifa
su melena de aljofifa,
pero si se pone eufórico
y se siente filarmónico,
en el pífano farfulla
hasta que se queda afónico.

Gilda Rincón

SENSEMAYÁ (Fragmento)

¡Mayombe-bombe-mayombé!
Sensemayá, la culebra...
¡Mayombe-bombe-mayombé!
Sensemayá, no se mueve.
¡Mayombe-bombe-mayombé!
Sensemayá, la culebra...
¡Mayombe-bombe-mayombé!
¡Sensemayá, se murió!

Nicolás Guillén

COLIBRÍ

Ave parva
que en la tarde
se retarda
mientras arde
aún la luz,

en el brezo
y en la fresa
y en la brisa
que se irisa
de su azul.

Pues la luz
en él se goza,
que lo besa
si lo roza,
picaflor,

vive libre,
liba y vibra,
brilla verde,
lila y vivo
tornasol.

si se eleva,
mieles lleva
de las mieles
de que abreva;

si se posa,
de la rosa
que se mece
de su peso,
desparece.

Si pesara,
gema hermosa;
si aromara,
pomarrosa,
colibrí,

ave breve,
gema alada,
nave leve,
pincelada
de turquí.

Gilda Rincón

TRABALENGÜERO

TERMINÓ DE IMPRIMIRSE

en 2021

en los talleres de Promocionales e Impresos América, S.A de C.V, con domicilio en Avenida Jardín, número 258, colonia Tlatilco, alcaldía Azcapotzalco, C.P. 02860, Ciudad de México.